Für

[illegible]

Von

[illegible]

Albert Bichler

Ein Engel an deiner Seite

Mit Fotografien von Tina und Horst Herzig

PATTLOCH

Er ist

Wie kommt
ein Engel zu uns?
Unauffällig,
unsichtbar,
unverdient.
Er ist einfach da.

einfach da

Engel

Sie haben dein Herz berührt
und dich angesehen.
Menschen,
die dir auf deinem Weg
begegnet sind.
Waren es nicht Engel
für dich?

Engel

Widecombe 6
Postbridge 4
Princetown 9
B3212
hampstead 4
3212
CHALLACOMBE

Ein gutes Herz

Engel sehen oft
wie Menschen aus.
Sie haben keine Flügel,
aber ein gutes Herz.

Menschengestalt

Man kann ihn nicht sehen,
aber doch spüren.
Er kommt
in Menschengestalt.
Er ist einfach da,
wenn du ihn brauchst.
Er meint es immer
gut mit dir.

Ein gutes Wort
zur rechten Zeit
am rechten Ort
wirkt Wunder.
Es ist eine Brücke.
Es führt zusammen.
Engel
bauen Brücken.

Ein gutes Wort

Er freut sich

Er freut sich mit dir
über deinen Erfolg.
Er teilt mit dir
dein Glück.
Er macht deine Freude
vollkommen.

mit dir

Wellenflug

Fester Halt

Du suchst
einen festen Halt.
Auf ihn kannst du
dich verlassen.
Er steht zu dir,
er lässt dich
nicht fallen.

Warum hast du Angst
vor der dunklen Nacht?
Ein guter Engel
vertreibt deine finsteren Träume.
Er hält seine schützende Hand über dich.
Ihm kannst du vertrauen.

Schützende Hand

Neuer Anfang

Ich wollte schon
die Flinte ins Korn werfen.
Da kamst du,
ganz überraschend.
Du bist
mir vorangegangen
auf dem Weg
zu einem neuen Anfang.

Er tröstet dich

Du möchtest einen Engel sehen.
Ist er dir nicht begegnet,
als du krank warst?
Er besuchte dich,
saß an deinem Bett
und tröstete dich.
Er lächelte dich immer wieder an.

Du zerstreust meine Zweifel.
Du ermutigst mich.
Du bist an meiner Seite.
Mit dir wage ich
das Unbekannte.

Wer war es,
der mich zurück hielt,
als ich mich mit meinem Partner gestritten habe?
Er sagte zu mir:
Höre aufmerksam zu!
Bleib ruhig und sachlich!
Er hat mir geholfen,
den Streit zu schlichten.

Bleib ruhig!

Er ist einfach da
und steht dir zur Seite,
wenn es auf und nieder geht
in deinem Leben.
Er hilft dir,
nach Niederlagen
wieder aufzustehen.
Der gute Engel
schenkt dir neuen Mut.

Neuer Mut

Er ist immer da

Meinen Schutzengel
kann ich spüren.
Er ist immer da,
wenn ich ihn brauche.
Er hält über mich
seine schützende Hand.

Du bist für mich

Dir darf ich alles sagen,
was mich froh macht
und was mich bedrückt.
Dir darf ich
meine Gefühle zeigen.
Dir darf ich
mich anvertrauen.
Bei dir weiß ich mich
geborgen.
Du bist für mich
ein Engel.

ein Engel

Bei ihm kann ich
mich ausruhen,
wenn ich erschöpft bin.
Er gibt mir
neue Kraft,
neuen Mut,
neue Freude.

Kraft
Mut
Freude

Du lebst mir
einen Glauben vor,
der mich begeistert.
Du gibst meinem Leben
eine Richtung,
ein Ziel.
Du öffnest mir
die Augen für das,
was über uns ist.
Du zeigst mir
einen Weg zu Gott.

Zum Licht

Wenn du traurig bist
und du nicht mehr weiter weißt,
kommt auch zu dir
ein guter Engel.
Er ist einfach da
und nimmt dich
zärtlich an der Hand.
Ihm kannst du sagen,
was dich bedrückt.
Er trocknet deine Tränen
und führt dich heraus
aus deiner Dunkelheit
zum Licht.

Auf ihn

Er ist an deiner Seite,
wenn alle dich verlassen.
Er schweigt nicht,
wenn alle von dir
schlecht reden.
Auf ihn kannst du bauen,
zu allen Zeiten,
nicht nur,
wenn die Sonne scheint.

kannst du bauen

Bibliografische Information Der Deutschen Bibliothek

Die Deutsche Bibliothek verzeichnet diese
Publikation in der Deutschen Nationalbibliografie;
detaillierte bibliografische Daten sind im Internet
über http://dnb.ddb.de abrufbar.

Covermotiv: Farrell Grehan/CORBIS
Gesamtgestaltung: Atelier Lehmacher, Friedberg (Bay.)
www.lehmacher.de
Lektorat: Hans-Peter Lembeck
Druck und Bindung: Uhl, Radolfzell
Printed in Germany

ISBN-13: 978-3-629-10154-9
ISBN-10: 3-629-10154-2

www.pattloch.de